JN408892

온몸으로 기억하기

온몸으로 기억하기

진미영 제2시집

도서출판 천우

시인의 말

살아온 세월만큼
가지고 있을 법한 이야기
어떤 말을 할까?
마음이면 되는 것이라고
그러면 충분한 것이라고
전부를 쏟아 부으렴!
욕심도 없고,
만용도 없고,
감싸 안으면,
있는 그대로 내가 되어
무엇인가를 하지 않겠니!
네 안의 생명의 힘으로
무엇인가를 잉태하는 거다.
이렇게,

2024년 3월

전미영

제1부

기억 그리고 노래

제2부

울타리 너머 옆집

제3부

비틀거릴 때면

제4부

산으로 들로 자유롭게 살아라

제5부

내 이름을 부르는 분

제6부

꾸었던 꿈을 산다

제1부

기억 그리고 노래

기억 그리고 노래

그 속으로
우리는 그 기억의 함정 속으로
가자, 그들 곁으로
가자, 우리들은 가자
그들에게로
우리는
소리, 그 기억의 오랜
기억의 소리
나는 네게로
너는 내게로

꽃밭 청소

키가 훌쩍 자란 풀들이 자리를 잡고는
봉숭아 꽃 줄기를 휘휘 감았다.

자그마한 가위로 풀들을 잘라주고 보니
이미 꺾여져 힘을 잃고 말았다.

땡볕에 모기가 기승이다.
거미가 거미줄을 놓고는 식물들
잡아당기며 위풍당당하다.

거미줄을 제거했다.
거미가 상당히 큰 편이다.
해충이라 제거했다.

봉선화

투명 수채화
모네 정원의 꽃들이
여름을 그려낸다

집안 대청소를 하며

1
추적추적 비가 내렸다.
집안을 말끔히 청소를 한다.

고양이털 여기저기 흩어져 날려
엉켜 붙은 것을 물걸레로 닦아낸다.

침대의 이불들 끄집어내어
세탁기에 돌리고 건조기에 넣어 말리니
말리는 시간이 상당히 오래 걸린다.

한가위가 다가온다.
통화를 하는데 누군가 차표를 걱정하며 끊어준다.
아이들이 서로 위하는 모습이 상당히 고맙다.

2
건조기를 돌려놓고 아래층에 내려왔다.
글을 조금 써놓고 읽어보자.

오늘은 대화도 조금 넉넉하게 나누고
작은 시간 내어 함께 놀았다.

모습이 참 대견하고 어여쁘다.

가끔은

비가 추적추적 내리는 날
살아내야 한다는 것을 안다

감사로 펼치는 햇살에
새로움을 받아들인다

예천 용문사 가로수 길

이 초록의 터널을 만들어 그늘이 드리워진 것이
녹푸른 그늘을 만든다. 가는 길에 강아지인지
고양이인지 어린 생명이 자동차 사고로 도로에
드러누워 생을 마감했다.

아이가 운전하는 트럭 바퀴가 그 위로 지나갔다며
도로에 드러누운 것을 본인이 치였다며 운다.
난 별 감정이 없는데 미안하네

앙하고 운다더니 진짜 앙~하고 운다.

도로에 드러누운 것이 아니고 그전에 이미
사고가 났을 것이라고 이야기를 했다.
통화를 하며 그 사정을 알고 있는
아빠는 아이에게 다른 차가 이미
치였었다는 것을 알려 주었다.

좋은 데 태어나라고 아주 오래전에
우리가 배운 생명에 대해 안타까워
만들어 낸 누군가의 한마디를 전해준다.

아이는, "좋은 데 태어나라" 하고
하늘을 향하여 말을 한다.

다짐

좋은 감정들만으로 살 수 없는 일이다.
사랑을 잃지 않으려고 늘 조심하고 애를 쓰나 쉬운 일이 아니다.
그런 모든 것에 솔직해야 하는 일들 그것 또한 쉽지 않았다.
조금씩 될 수 있을 만큼 조금씩 그렇게 행해본다.

조심조심 힘든 시간을 견뎌냈던 것처럼
그렇게 다시 힘내어 본다.

절집

절집에 들렀다.
조용한 마당까지만 드라이브 삼아 갔다.
가는 길에 가로수가 길게
시원스레 펼쳐져 있다.
언뜻언뜻 보이는 하늘이 아스라하고
초록 잎새들의 시원함에 상쾌해진다.

나만의 시간을 가지는 휴식이다.
집 청소 마치고 감자를 삶고
팝콘을 튀겨 두 군데에 담아내고
하나는 남편 서재에 하나는 식탁 위에 올려놓았다.

오후 한 시가 지나도 열심히
잠을 자는 아이가 일어나면 먹을 수 있는
음식을 간단하게 차려 놓고 일찍 매장으로 향했다.
남편 차가 보이고 큰아이 차가 보인다.

반가워 가보니 낯선 남자와 마주앉은 남편이 있어
인사를 하고 돌아서려니 큰고모 아들이라고 한다.
십 년 가까운 세월이 지나 보는 얼굴이라
알아보지를 못했다.

반가운 인사를 하고는 돌아서, 가야겠다고
생각한 난 절로 향했다.
오늘의 청량한 날씨가 주는 바람이 기분이 좋은
적당한 더위에 자동차의 에어컨을
켜지 않고 달려 갔다.

여름으로 들어선 자연의 싱그러움에
온몸이 달떠서 행복한 시간이었다.

나만의 드라이브 코스가 종교와
맞물려 자리 잡아 내게 휴식을 준다.

몇 번 템플도 즐긴 곳이라
아이와 다시 템플의 시간을 가져야지 하고 돌아섰다.

더운 날

에어컨을 틀며 요즘 자꾸 온도가 올라간다고
걱정들 하는 목소리

더위를 참으며 하루를 보낸다는 것이
여간 어려운 일이 아니다.
에어컨을 틀지 말라는 것이 아니라는 것은 안다.

미안한 마음을 삼키며 집안을 시원하게 만들었다.
인류의 기술이 좀 더 좋아져 해결책을 찾고
더위를 쫓으며 시원하게 누리며 잘 살 수 있는
방법이 찾아졌으면 하고 생각한다.

무조건 참고 견디기만 하는 그런 해결 방법에서
벗어나 자연과 잘 지낼 수 있는 무언가를
찾아내는 지혜가 있으리라.

인생

돌아보니 이만큼 왔다

누구랄 것도 없이
한 발자국씩
한 발자국씩

길 위에서 수많은
얼굴들을 본다

마당에 채송화가 올라왔다

1
겹꽃이다

며칠을 작은 손가위로 식물들을 다듬었다.
시든 가지와 나뭇잎들을 정리해 주었다.
시든 잎가지 주변에 벌레들이 알을 낳아 말고
나뭇잎들을 갉아 먹고 있었다.

거미줄이 여기저기 쳐져있다.

거미가 작년보다 훨씬 통통하고 크다.
거미줄을 걷어내며 거미 몇 마리 밟아 죽였다.

좀 줄려나

2
자고 일어나 나가보니 또
거미들이 거미줄을 치고 있어 걷어냈다.

줄기는 주네.

3
물을 뿌려 마당의 식물들에
골고루 물을 주며 씻어내니
역하던 냄새도 훨씬 준다.

바람이 분다.

물기를 머금은 식물들 위를
지나치고 피부에 닿는다.
시원하다.

4
물 내음이 난다.
며칠을 두고 좀 더 물을
뿌려 주어야겠다.

물이 넉넉하니 계절에
상관없이 푸르고 꽃이 핀다.

낙엽 지는 이유가 물이 부족해서
라는 것을 알게 된다.

물을 너무 아꼈구나 싶다.

미안해지네.

식물들에게 sorry
살아남았네.

난 원래 자연히 겨울이면
식물들이 마르는 건 줄 알았다.

물이 넉넉하게 제공되면
사시사철 푸르고 꽃이
핀다는 것을 알게 된다.

5
마당 흙이 좋으니
꽃도 크고 잎도 크네

원래 늘 고만한 식물이
꽃이 아니네

해가 좋고
물 넉넉하고

계절 꽃

계절과는 상관없이
식물들이 자라고 꽃도 피는구나

사시사철 늘 푸른 것

아~ 상록수

초록색의 멋짐

일 년에 한 번 꽃이 핀다고
했던 식물이 더 자꾸
꽃이 피지 않을까

계절 꽃이 따로 있는 것이 아니더라.

피마주

상주에서 따온 씨앗으로
심은 그 식물이
몇 해를 두고
씨앗이 떨어져 무성하게 자란다.

잎이 엄청 크게 자란다.

시원한 그늘을 만들어주는
그 식물은 나무처럼 자란다.

씨앗들이 꽃도 피고
씨앗마다 많이 열린다.

마당의 식물들도 씻어 주어야 하는구나

모기도 줄었다.

식물들을 깨끗이 씻어내니
벌레도 모기도 접근을 못한다.

식물 키우기

꽃이 피는 것이 신기하고
식물들이 쑥쑥 자란다.

푸르고 잎에서 기름기가 흐른다.
햇빛에 빛이 난다.

싱그럽다.
녹색이 짙어진다.

밖에서 살아야 되는 동물들

사람 말 흉내 낸다.
배운 것하고는 다르다.

나이하고 성장속도
여섯 살인데 아기 같다.

사람처럼

나를 보고도 모른 척하는

그 희한한 동물들아
미안하다.

미개하게 머리 나쁘게 여겨서
털이 붙어있네.

다스리라고
위험하다고

동물도 옷을 입힌다.
사람들이 가게에서 판다.

초록색의 멋짐

청보리 밭에서
소원을 풀었다.

청보리 밭에
드나들어 본다.

조용한 포사로운 날씨

하나
나는 타고 있는 촛불
눈물 많은 뜨거운 혼(魂)

꺼지지 않는 천상(天上)
죽음이 없는 바다

낙엽 위에 떠 있는 백조
깃털이 잘리운 하얀 새

오늘은 뜨거운 차 한 잔
중심(中心)
탈수록 그 불꽃은 커진다

제2부

울타리 너머 옆집

소리

네 몸을 내게 기대던 너

지금은 어떤 모습이 되었니
어떻게 달라졌을까

나를 잊은 건 아닐까
기억이 난다

울타리 너머 옆집

조그만 터
조금 지저분한 곳인데
쓰레기가 모여 있었다.

흙도 섞여 있었다.

상주에서 가져온
그 씨앗 열린 것을
작년에 던져 주었더니

쑥쑥 키가 크게 자라
그늘을 만들어 주고
보기가 좋다.

벌레들이 마구 먹어 치운다.
벌레 먹은 잎을 잘라주고
물로 씻어 내었다.

마른 잎에 벌레들이 모여 있다.

그리움이란 없다

누구를 위한 것인가
과연 누굴 위해 우리는
본능으로 이어지는 사랑
스스로를 위해

변화

내 마음 다르다고
말하지 않는다

너와 내가 생김새도
다르고 가는 길도 다르다고

마음이 다르지 않다는 것을
너는 알고 있다.

해를 바라보며

그 뜨거움에

우리는 무엇을

기다리는 것일까

너무나 당연하다는 것

달을 바라본다.
달 그 차가움을
알 수 없는
밤이 시리다.

우리는 그렇게 다르고 다르다

소리가 바닥을 치고
고양이가 앞발을 내밀고
나를 빤히 바라보도록
언제나
나는 가만 내려다 본다.
애써 말할 필요가 없다는 것을
우리는 안다.

온전히 나이고 싶으니까

의식 저편으로 곰곰이
생각에 잠긴 사람들을
그런 생각도 하지
아, 그래
이해하기 위해서는
사랑하기엔 턱없이 부족한
사람의 너그러움을 탓한다
스스로 자리를 비켜주기를

잠을 깨고

이른 아침의 화단
키가 배나 커져
우뚝 선 화초들이
젖어서 싱그럽게 자란 몸
가슴을 활짝 펴고
서 있다.

첫 출근

마음이 설레었다.
꽤 긴 하루였다.

약속을 하고

지치지도 않고
오늘도
이렇게 지치지도 않는
약속을 하고
살고 있다
우리는

먼저

그 기다림이 이젠
알지 못할 사이에
언제쯤이면
앞에
아니, 어떻게 하면

먼

바라보는 것
다가가며
바라보며
강물이 흐릅니다.

비가 내립니다.
다가갈수록
시선에
먼

함께하는
택한 것이
그것이 봅니다.
그것을 봅니다.

아무렇지 않는 척

작은 바뀜
그곳에 아니 있을 테니
바람
비
변해가고
바뀌고 있는
오랜만의 만남

놀음아

누군가를 의식해야만 하는 것이
그런 묘한 표정들도 역시
자유로운 존재를 마주하고
있었다.
바람이 신선하다.
이야기
이야기하겠지
지금의 모습은
변화 속의 오로라
썩 잘 어울리는

사랑하게 하소서

가을에는
그래
가을은
내겐
풋풋한
음~
이 가을 내음

따뜻한 날씨

내가 세상에 속해 있다
가지지 않았어도
베풂이 없어도
주어지지 않았어도
믿음에 대하여
태어남
탄생
믿는다는 것은
올바른 믿음
믿음이란
이렇게 지치지도 않고
우리는
안고 싶다
소리가
네 몸을
네게
기대던 너
지금은
어떤 모습이 되었니

말없이

모습을 본다.
그것은
그것을 무엇이라 표현해야 할까.
내일은 혼자서라도 나들이를 갈까.
환한 낮의 정겨움을 담아보고 싶다.
진실의 아름다움으로 승화시킨다.

새삼스레

인정할 수가 없었던 것인가
인정하지 않았던 것인가
새삼스레
풍요의 뿔
어린 제우스에게 젖을 먹였다고
그리스 신화에 나오는 양의 뿔
personality－사람으로서의 존재
인격
개성
인물비평
지적으로 바보가 되는 것이다.
본능은 흐르는 강과 같다.
평생을 통해 서로 섞인다.
끊을 수 없는

평생을 통해

서로 섞인다.
끊을 수 없는
갓난애처럼
칭얼거리기
영화관 가기
어린애처럼
악마 믿고
거울을 들여다보기

제3부

비틀거릴 때면

백일몽

하고 싶은 것
말을 타는 것
밭을 가는 것
하고 싶은 것
누군가
듣는 것
말하는 것
서서
많은 앵무새
사라지지 않는 것
스스로의 선택

작은 변화

늘 있으니
늘 그가
그곳에 아니 있을 테니
멀리 가는 향기
변해가고
바뀌고 있는
아무렇지 않은 척
오랜만의 만남

비틀거릴 때면

생각난다.
그곳이 열릴 때면
두려워
어찌하지
못내 웅크린다.

듣다

지구에 새겨진 진화의
발자취
물소리
위대한 영웅들
고대의 언어 전한다.

너는 어떤 사랑을
하느냐? 왜?
가치가 없다.
거짓말 하고 난 후
독특한, 별개의
아무도 전하지 않는다.
무의미하다.

연민을 가진다.

일상의 삶

그 속에 수많은 사람들
그들, 좀 더
사랑하며 살자.
일상의 소중함 좀 더
생각하게 된다.

새해, 떡국을 먹었다

식탁을 차렸다.
간소한 밥상 차리기
보기 좋게
한 해 잘 지내자.
열심히 이야기를 나누고 있네.
둘러앉아 있다.

나이 듦에 대하여

한 살 더
나이 든다는 것
뭔가 기대를 하는
어디선가 들은 듯하다
나이 든다는 것은
지혜로워지는 거래
숫자만큼 행복해지고
숫자만큼 영혼이 자라며
보이지 않는 키가 크면서
한 해가 설레는 거래
하루가 한 해가 됨을 축복하는 거래

작은 케이크

사진을 찍어 보냈다
연락이 왔다
즐거운 일이 많기를
늘 좋은 일 가득하기를
그러니까 생일이지
노래로 가득 보내주어야지
겨울에 태어난
늘 최고인 오늘은
명절이라고
하루 지났어도,
매일매일은 너의 생일
축하해
초를 꽂고 불을 붙였다
사진을 찍고
전화를 하며
좋은 것으로
그렇겠지

생활비

먹고 사는 일
알뜰살뜰 살아야지
잘 먹고 잘 살기
다시 점검
재점검
악착같이 해야 할 일,
하고픈 일
별것도 아닌 것이
식사는 뭘로 할까
돈을 규모 있게
용돈 보내드리기

요즘은 덜 아껴도 돼서

마구 설렌다
손이 마구 간다
생각 같아서는
다 마구마구 사고 싶었지만
나름~ 꿀꺽~
좀 많이 샀다
이것저것
따뜻한 날

금요일이다

곤한 잠을 자고 나서
생각을 해봐야겠다
따뜻한 날씨다
무엇을 그리워하는 것인가
모두들
우리가 잃어버린 그것은
우리들의 그리움
그것을 찾는다

함께해도 될까요

허락을 받았다
누군가에게
누군가에게
한걸음씩 다가가자
우리 모두
그녀에게도
다가간다
우리 함께해도 될까요
다시 시간을 되돌려
그 시간으로
함께하고픈 시간들을 되돌려

지금 우리는 함께합니다

시간을 거슬러
기억 속에서 지금 우리는
당신 그대의 눈앞에
한걸음 기억 속에서
나와 당신, 그대 앞에 서서
당신을 바라봅니다.
사랑을 합니다.
사랑을 합니다.
일생 동안 사랑을 배워
당신과의 거리를 가늠하며
한 걸음 두 걸음
사랑만을 위하여
그 사랑을 위하여
그대라고 부를 수 있는 날
같이하고 싶었던 마음을
이제는 같이하려 합니다.

봄을 기다린다

꽃을 마주하면서
또 다른 계절을 기다린다.
추위에 움츠리며
따스한 계절에 기대를 한다.
흰 튤립을 보며
설레는 마음에
봄을 생각한다.
아~ 봄
꽃집에서 꽃다발을 들고
자동차를 몰고는 집으로 향했다.
온 세상이, 세상이
이렇게 보일 수가 있구나.

다시 세상 속에서

노래를 들으며
옛사람을 생각한다.
그리운 이들을 그리며
그들의 말을 듣는다.
머문 지 몇 십 년
고향이 낯설다.
휴대폰 너머 친구의 목소리
다들 바쁜
아직은 만나지지 않는
우리들의 영원
울리는 목소리
오래전, 그 모습
그 목소리
변하지 않은 너
변함없는 너
늘 그대로인 너

무엇을 기다리는 것일까

그리움인가
곁에 둔 그리움을
곁에 둔 그리움이
곁에 둔 그리움으로

아침상

반갑게 아주 잘 먹는다
향이 좋다
식탁에 올렸다
과거로 돌아간 듯
사라진 지식의 남발
옛날의 영상이 나오네
그래, 꿈이 있나 보다

세월에

햇빛은 찬란하고
인생은 다짐 같은
당당해서 멋진
사랑의 서시를 이어가고
찬란하게 나이들기
사람은 시간을 창조해 나가고
사람은 시간에 실려간다
시간의 주인공

식물

햇볕과 바람을 쏘여준다.
아침에 일어나면 스트레칭
늘 색을 맞춰 입고
외출을 준비
스트레칭 자기 전
음악회
충만해지는 내 삶이 나는 좋다.
네 색을 만들어 봐
단순하게 사는 것
하루하루가 소중하다
깨끗한 것 정리된 것의 아름다움
훨씬 가치 있을걸세
각자의 자리에서 찬란한 인생

아직은 춥다

황사로 뿌연 하늘
이제는 시작한다.
별일이다.
해야 할 일에 대해 이야기했다.

제4부

산으로 들로 자유롭게 살아라

내가 있는 곳

오지 않는다.
시간이 많이 걸리는 듯하여
전화를 해 보니
받지를 않는다.
아직 찾지 못했나 보다.

누구 이름으로

물어봐야겠다.
보내야 한다.
연출이다.
같이 가고 싶은데
잘 기억하라 한다.

산으로 들로 자유롭게 살아라

복만이는 집을 나갔다.
가출
분명히 내가 일찍이 봤는데
풀어져 있던데
다른 강아지랑 펄떡
펄쩍펄쩍 뛰며 노는 것을 봤는데
분명히 복만이인데
깨끗하고 훨씬 좋게
지내는 것으로 보여 좋았다.
복만이면 좋겠네.
훨훨 날아다니면……

잠을 많이 잤다

시(詩)를 다 읽고
어느 분에게 주었다.
좋아라 한다.
잘 주었다.
다 좋네
푹 잘 쉬었다.

전화가 안 오네

훨씬 좋네
늘 무리하지 않기
잘 쉬자
못생겨도 좋은 것임을 이야기했다.
같은 생각임을 말한다.
그럴 거야 한다
그렇겠지
매일매일을 꽃피는 날처럼 살자.

을씨년스럽다

불편하다.
봄이 되었다.
TV에서는 봄노래를 부른다.
창문을 활짝 열고
집안 먼지와 탁한 공기를
탈탈 털어내고 싶다.
전화해 볼까
어제, 오늘 잠을 많이도 잤다.
깨워도 모를 만큼 푸욱
노곤한 잠

화초

물을 주었다.
화분, 자그마한 집에서
그래도 좋은가 보다.
아주, 새롭다.
새집이다.

무료한 날들이다

저녁식사를 모두 마치고
쉬는 중이다.
모두들 식사를 하느라 분주하다.
오늘, 물어보자.
오전 내내, 어제 시간이
빨리 지나갔으면
그런다고 빠르게 지나가는 것은 아니지만
오후가 되니
잠으로 소일을 하게 된다.
다들 그리 생각하리라.

하루라도 빨리

좋지 아니하다.
꽃이라고 했다. 그러고 보니
꽃, 참 좋은 말이다.
생각을 새삼 하게 된다.

두 가지를 얘기했다

건네받았다.
먹기로 했다.
가져다 준다.

바람이 불고

창문으로 들어오는 볕이
아주 많다. 따스하다.
하루 종일
봄꽃 향기가 바람을 타고
들어온다.

너무도 당당한 이야기

어제는, 어제 이야기를 해보자.
궁금해서 묻는다.
누군가 말을 되받아 말을 잇는다.
내겐
다음에는
아주 좋다.
좋은 것 같다.

타자, 자동차

멈추기를
다녀오는 길이다 라고
쌀쌀한 날이다.
끝자락 이야기들
생각이 바뀌겠지
당분간 괜찮을 듯
연락 준다 한다.

시간을 보낸다

새로워야 한다 했으니
그 새로움에 접근한 셈이다.

꽃이 되었나

창문으로 들어오는 빛이 덥다.
완연한 봄을 느끼라 한다.
방안에 공기가
창문을 열어
꽃이 되었나.

몰아낸다

벌써 오후다
그냥, 시간을 건넌다
졸음이 붙어
졸음을 몰아내어 봤다
시원한 바람을 찾아
시원한 의자에 앉아
다들, 활기를 찾는다

자주 전화하니 할 말이 없다. 그런가

보시기에 “참 좋았다”
보시기에 참 좋게 지냈는가
이틀 밤 지나면
곁에서 노래 듣고
담소를 나누는 시간
그리는 시간
주어진 것들

해갈 비

보슬비가 내리다가
이내 비가 제대로 내린다.
다른 고장도 비가 내리는지 궁금하다.
비가 내리면 해갈 비라 해
상스러운 비다.
어느 말씀이 생각난다.
말씀이 떠오른다.

나이 들면서

더 곱게
보기 좋은 모습으로
살아야지 싶다.
반나절 남은
잘 보내자.
모습들이 달라져
다르게들 표현한다.
조금은 뭘 이런 걸 가지고
그래도 조심하는
변함이 없어야 하는데
무슨 생각이 있나 보다.

약속

내일 꼭 나가야 한다.
작은 약속 하나
잘 지켜준다
물 주기, 쓰레기 치우기
냉장고 살피기
베란다, 부엌 모두
화분에 있는 식물 돌보기
세계를 넓혀보자.
세계에 들었다.

단비라고 하던가

물처럼
햇빛처럼
산뜻한 색으로
물향이 나고
오염되지 않는
매일매일 물 샤워
깔끔, 향이 나는 사람
여름 멋 내기
가끔 멋으로
착실하게 하기

내가 세상에 속해 있다

잊은 건 아닐까
잃어버린 건 아닐까
내게 무엇이 남았나
후일 내게 무엇이
남아 있어 줄까

제5부

내 이름을 부르는 분

활활 불타서

계산을 해본다.
오전에 넉넉한 잠을 자고
점심식사를 하고
읽던 시집을 다시
재대출을 한다.
마저, 대출해 읽었다.
사둔 책을 골라 들었다.

내 이름을 부르는 분

불꽃은 사그라진다.
시간이 흐르고
생활이 깊어질수록
선택한 것이
개개인을 향한 특별한 사랑으로
사람의 이름을 부르는 것으로
시작된다.

산문(山門)

어떨까 싶다
바람이 차다
양말을 찾아 신었다
참 많은 시간을
함께하는 인생이다.
시간들이다.

예천 용문사

좋은 시간을 갖고 싶다.
새소리가 맑다.
대웅전에 들러
시간도 큰 복이구나
살아가는 나날
날을 잊지 않기를

감이 떨어진다

늘 그대로이기를 바라며
집안의 이것저것을 돌아봤다.
어떤 것이 현명한 선택인지
생각을 다잡아본다.
나도 좋다.
시간이 흐르면
쉬이 변하지 않는다 싶다.
강변, 아무래도
너무도 당연한
잘못된 것은 바로 잡아준다.
좋은 말씀이다.

영주 부석사

이런저런 이야기들
이 장소를
언젠가 수첩을 열어
기억을 소환하며
나눌 수 있는 날이
올 수도 있으리라
내 앞에 앉아
나는 여기 오기 전
자신의 얘기로
이야기를 쏟아 놓는다

고창 선운사

여기저기에도
갈까
일단, 짚어봐야겠다.
세월과 가까이함의
동백나무가 울창하다.
멀리도 왔다.
동백꽃이다.
즐기진 않지만 꽤 괜찮은
예서 있으면
동백꽃을 대웅보전 위 보석처럼
붙어 화려해지도록 봤다.
더없이 좋았다.

어제 일기다

토요일은 전지하고
나무를 옮겨 심고
창고도 하나 더 짓고
땅을 다지고
포클레인으로 땅을 고르고
다지고
누군가를 진심으로 돕고
굳이 말이 없어도 전해진다.
잊지 않기로 한다.
나도 좋고
내 가슴의 그 묘한 그 감정
함께했다.

집 뜨락을 청소하면서

마당에 널려있는
보라색 꽃이 옹기종기
피어 있길래 카메라에 담았다
선명하다
작은 일들
우리 모두 고요히 많은 말을
줄이고 깊숙이 땅에
뿌리를 박고 세상을 끌어안는다.

살고 해보고 싶은 것

좋아하기를
더 많은 모험
더 많은 성찰
더 많은 감사
살아보고 싶은 삶을
살아보고
우리의 믿음이 진실할 수 있다면
이 음식 주셔서 감사합니다.
쌀 한 톨의 무게를 달아본다.
온 천하가 담겨있다.
어느 구절의 말씀.
이것이 하느님이 하시는 일이라는

문(門)은

활짝 열려 있다.
화분 있던 자리가 휑하니
흙과 물 자욱이 나있다.
바람에 파초잎이 날린다.
보기가 좋다.
좋은 것을 보며
노래를 듣는 것
누군가를 만나는 것
그것도 참 좋다.

어느덧 칠월로 접어든다

천둥, 그대 그 빛에
녹아나지 않는 그리움이
어디 있을까
향이 바람에 흘려 내는
향, 하늘의 존귀를 가지고
구름이 일 듯 생이 인다.

꽃들이 되었다

꽃을 피워내고 있다.
탐스러움에 가슴이 활짝 펴진다.
충만해진다.
이름을 잊어 서운한 올해는
새로운 화단을 꾸미고
양보하기 싫은 행복이다.
해가 아주 잘 드는 곳
시가 아주 잘 어울리는
영원에서 우리는 만나겠지.

바람이 분다

물 내음이 난다.
며칠을 두고 좀 더 물을 뿌려야겠다.
고만고만한 식물이 흙이 좋으니
꽃이 잎이 줄기가 크다
식물들이 쑥쑥 자란다.
햇볕에 빛이 난다.
녹색이 짙다.

새소리 들린다

온화한 날씨
빛이 좋은 날
오늘은 창문으로
들어오는 빛이 좋은 날
읽던 여행서를 바라보다가
공책을 펴고 글을 쓴다
지나가는 생각을 안타까이
붙잡아 펜을 쥐었다.
현관 밖에 새소리
설레는 이날 그와 함께
여행을 한다.
공책 위에서 새소리가 들린다.

예언

그의 눈이 말하는 것이다
그것은 고대로부터 이어진 언어다
인간이 멈추어야 할 때
멈출 줄 아는 지혜
우리에게는 늘 필요하다
하느님을 팔고 부처님을 팔고
어느 곳을 바라보고 있는 것일까

5월의 여름 울타리를 덮었다

혼자만의 뜰
꽃을 닮은 존재
하늘을 담은 너를
침묵은 하늘의 것이라
감사는 하늘의 것이라
영원 속으로 올린다

구월이다

꽃들이 피어난다
제비꽃을 들여다보고
또 들여다보고는 한다

와, 대단하다

낯이 익은 꽃들
설렌다

서린 이야기를 들으며
하고픈 말들을 끄집어내
내게 전하련다.

어머니의 식사

어머니 숟가락이 자꾸만
된장 국물에만 머문다.

고기를 한 젓가락 집어
숟가락 위에 얹어 드리니

잇몸이 약해져
이도 해 넣을 수 없다며

얇아 다 해져
너덜너덜해진 웃음과 함께

젓가락으로 붙잡고
물끄러미 들여다보신다.

너

굳어진 얼굴 위
깊은 주름

한낮을 보내는 일터에서
쌓아 올린 땀의 깊이만큼
패여 있다.

골 사이에 묻혀 화석이
되어버린 일상

느낌표로 하루를 마치고
깊은 수면 아래

들숨과 날숨 사이로
꿈이 드나든다.

이른 새벽
안방 창문에 온 여명

밤새 베개 깊숙이 품은 희망
눈가 주름살로 쌓는다.

제6부

꾸었던 꿈을 산다

꾸었던 꿈을 산다

원고 청탁이라는 활자가
눈앞에서 의젓하게
믿을 수 없으리만큼 분명하게
내 이름으로 된 우편물이 왔다.

다시 한번 그 뜻을 새기며
원고 청탁이라는 굵게 새겨진
활자를 그 무게를 가늠해 보고는
그동안 써 놓은 원고들을 훑어본다.

글이 이제는 머무는 곳이 달라졌다.

그 크기도 무게도
세계의 크기도 달라졌다.

내 글이 실린 책이 전 세계로 나간다.

비록 한 편에 불과하나 내게는
꾸었던 꿈의 일부가
날개를 단 것이다.

갓 날갯짓이 시작되었다.

연꽃

비가 한 차례 지나간다.
두 손을 대어도 그 크기가
넘치기만 하는 잎
달라붙은 물방울들이 초저녁
지는 해에 그늘이 인다.
함께 밤을 맞이하자.
톡톡
손가락으로 꽃 좌대를
눌러본다.
몸을 굴려 그늘의 모태로 들어간다.
깊은 어둠이다.

그의 옆이다

대답이 나오겠거니 하면서도
남편에게 묻는다. 역시
아니라는 대답이 나온다.

피곤한지 고단한 잠을 자는
그 옆에서 한참을 나도
고단하게 누웠다.

엎드려 자는
그 옆은 뭔지 허전하다.

늘 살을 맞대는 습관에서
오는 상실감이라.

그와 나의 거리는
십여 센티일 뿐인데도
너무도 멀다.

그가 깨어났다.
늘 그의 깨어있는 모습이 좋다.

물론 잘 때도 좋지만 함께
놀이에 취한 어린아이처럼
말없이 웅한다. 알까?

서울 행

아들이 머무는 집으로 향했다.
둘이 티격태격 엄마를 걱정한다.

잘못 탈까 봐,
헤맬까 봐,

지하철 노선도를
상세히 적어
카톡으로 보낸다.

도움이 많이 되었다.

작은딸아이랑
아들도 카톡으로 보내고
남편은 주소 보내고

무심한 큰딸은 뭐
중간 역할 하는
작은딸을 통해
택시가 편하다 한다.

오랜만에 지하철을
타 볼 요량으로
지하철 노선도를 찾고

노선 번호를 따라
이리저리
통로를 찾아보고

에스컬레이터를 타고
올라가다 보니
드디어 아이들 집 앞이다.

또 다른 세상

그림 전시회와
사진 전시회에 다녀왔다.

일상을 화폭에 담았다.

그림 속에는

우리들의 편견을 깨는 것들이
담겨있어 전시회를 관람하며
나의 일상이 아름답구나 하는
생각을 한다.

뭐든 아름답게 볼 줄 아는
눈을 가져야 삶이 풍족하다는
말을 떠올려본다.

가족

아이들 셋이 모여 이야기를 나눈다.
이런 것을 보고는
이야기꽃이 피었다고 하는구나.

웃음꽃이 피었다고 하는구나.

서로 만나고 볼 수 있다는
가까이 손을 뻗으면
서로를 느낄 수 있다는 것

그저 행복하기만 하다. 그저
가까이 있기만 한 것이
이제는 쉬운 일이 아니라는 것을
깨달으며 그저 웃기만 한다.

엄마

아이들이
품 안으로 들어왔다.

미소가
가득 번진다.

가방

딸아이 줄 가방에
예쁜 그림을 그려 넣어서
채색을 하였다.

딸아이가 잠을 자고 있다.

보여주고 싶은 마음
굴뚝같은데
딸아이는 이내 잠만 잔다.

맘에 들까, 안 들까,
아무래도 미운가,

아이 취향이 아니면
어쩌지 하며 설레는 마음과
부끄러운 마음이 교차되며
행복한 상상을 하였다.

사라져 가는 계절

해마다 거짓말처럼
봄은 조금씩
사라져가고 겨울은

끈기 있게 남아 해마다
오래된 계절감을
날날이 지워가고 있다.

봄은 사라질
위기를 맞이하고 있다.

싹이 올라오고
꽃이 피는 것을 보고
이제는 봄이라 하겠다.

이야기

영어사전과
옥편을 구입했다.

두께만큼, 그 두께를
손으로 느끼는 만큼,

내 수많은 언어들이
와서 안긴다.

꿈이 살아서
움직이고
미래를 산다.

봄이다

산나물 모종을 샀다.
일곱, 여덟 가지쯤 되던가
샐러리도 사고 이것저것 사서
박스에 담아 주는 것을
자동차 앞좌석에 두고 달린다.
비닐하우스 텃밭이 있는 곳으로

봄바람

아침, 새소리가 맑다.
문이란 문은 모두 열었다.
집의 문들을 모두 열었다.
바깥의 바람이 밀고 들어와
남아 있는 텁텁하고 무거운
공기를 밀어낸다.

만남

어느 누군가와
거의 십 년 만에
점심식사를 했다.

좋은 이야기들로
식사시간을 채웠다.

입추

비가 내린다.
이제는 춥다.
춥다는 말이 저절로 나온다.
여름과 가을의 경계를 긋는다.

마당으로 나갔다

강아지풀들이
무성하게 올라오고
민들레가 지천이다.

그 자리에 우뚝 섰다.
집 안에서 마당에서
세상 곳곳에서
늘 흘러 다닌

그리했다는 생각이 들자
모든 것은 고요해졌고
몸과 마음은 멈춰졌고

쉬고 있다고 생각되어도
들리던 무수한 소리들
소리들 휘감는 정적

멋진 날

길고양이가 사료를 먹고 간다.
불안하고 어둠이 짙은 눈빛
믿을 수 있는지 살피는 듯
자리를 피해 주었다.
해야 할 일이 생겼다.
여름 언덕에서 배운 것
빛보다 빠르게 도우러 갈게.
존엄하게
하늘이 무심치 않기를.

날씨

햇빛은?
바람은 시원하다.
구름 한 점 없는 맑은 하늘이다.
잔뜩 구름 낀 흐린 날씨다.
오늘의 날씨
나를 변화시키는 하루
날씨에 관계없이
나를 변화시키는 하루
인생의 날씨에
화창한 봄날

법칙

무엇을 잘 가꾸어야 한다.
농사를 짓는 것은 심고 거두는 일이다.
아무것도 심지 않고는 어떤 열매도
맺을 수 없다.
풍성한 열매를 맺고자 한다면
충분히 뿌려야 합니다.
당신을 위해 씨앗을 뿌리세요.
행동의 씨앗을 뿌리세요.
작은 씨앗 하나가 몇십, 몇백 배의
열매를 거두듯이 당신이 뿌린 씨앗은
언젠가 상상 이상의 풍성한 열매를 맺을 것입니다.
내가 뿌린 씨앗은?
씨앗을 뿌려 나를 위한
좋은 열매들로 되돌아온다.

하루

무엇을 원하는지
어디로 가야하는지
지혜롭고
향기롭게
꿈꾸는 하루

남례문 폭포수

대구에서 남안동 톨게이트를 지나
남례문 쪽으로 향한다.

어느 날인가부터 오른쪽 어느 도로 옆
바위산 암벽에 폭포수가 흐르는 것이 보인다.

가만,
폭포에 이름이 없네.
이름이 있나?

상수도를 이용해 폭포를 만들었다고 한다.
그럴 수도 있구나
폭포는 다 자연이 만드는 것인 줄 알았다.

시원한 바람이 열어 둔 자동차
창문 안으로 들어온다.

폭포수가 일 년 내내 여기저기서
쏟아지는 지구?

안동에 폭포수가 생기니
보기도 좋고 시원하다.

폭포 폭이 더 넓으면 장관을
이루지 않을까?

물에 대한 생각이 달라진다.
물에 대해 더 알아봐야겠다.

남례문으로 차를 몰고 들어와
어느 다리에서 시내로 접어들었을 때
보이는 인공물에서 쏟아지는
물이 시원하다.

폭포를 만드는 인공물이다.

일 년 내내 흐르고 쏟아지는
쏟아지고 흘러내리는 폭포.

멋지다.

가만, 상수도로 폭포를 만들고
수돗물을 사용한다고?

내가 갈 수 있는 인생길
조금씩 아름다워진다
내가 사는 곳이
흐뭇하고 즐거워진다.

내가 사는 도시의
담장이 예뻐지고

어느 집의 담장이 헐리고
담장 주변에 키가 크고

잎이 크고 꽃이 큰 접시꽃이
무성하게 단정하게 되어 있다.

음지와 양지가 바뀌고
있는데 정갈하다.

신기하다. 신비스럽다.

문학세계대표작가선 1013

온몸으로 기억하기

진미영 제2시집

인쇄 1판 1쇄 2024년 3월 22일
발행 1판 1쇄 2024년 3월 29일

지 은 이 : 진미영
펴 낸 이 : 김천우
펴 낸 곳 : 도서출판 천우
등 록 : 1992. 2. 15. 제1-1307호
주 소 : 서울시 광진구 구의강변로 85 강우빌딩 7F
전 화 : 02)2298-7661
팩 스 : 02)2298-7665
cafe.naver.com/chunwu777
E-mail : cw7661@naver.com

값 15,000원

ISSN 978-89-7954-923-2